안녕하세요? 유튜브 보고 전화했습니다

유튜브 마케팅으로 매출이 쑥쑥!
유튜브 하루만에 끝장내기

안녕하세요?
유튜브 보고
전화했습니다

유성대 지음

YouTube
YOUTUBE ACADEMY KOREA

매출을 올려야 하는 초보를 위한
누구나 보고 따라할 수 있는
유튜브 메뉴얼 무작정 따라하기!

출판
이안

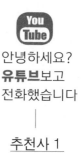
이제 유튜브 마케팅이 펼쳐가는 '선행자 이익'은 당신의 몫입니다

"선행자 이익에 대해서 알고 계십니까?"

'선행자 이익'은 누구보다 먼저 미래를 예측하고 누구보다 빨리 행동하는 사람이 얻는 이익을 말합니다.

제4차 산업혁명 시대인 지금은 그 어느 때보다 변화의 속도가 빨라서 누구보다 먼저 미래를 예측하고 누구보다 빨리 행동하는 사람만이 '선행자 이익'으로 매출을 창출할 수 있습니다.

지금 여러분을 '선행자 이익'으로 이끌어주는 것 중에 하나가 바로 유튜브 마케팅입니다. 이것은 오랫동안 유튜브와 함께 한길을 걸어온 저와 같은 사람들만이 말할 수 있는 '불변의 진실'입니다.

15년 전만 해도 지금처럼 폭발적인 스마트폰의 보급을 예측한 사람이 과연 얼마나 있었을까요? 대부분의 사람은 예측하지 못했습니다. 설사 예측을 했더라도 누구보다 빨리 변화에 맞춰 행동으로 옮기지 못했습니다.

그때 미래를 예측하고 누구보다 빨리 행동한 사람들이 현재 어마어마한 부를 축적했다는 것은 제가 군이 강조하지 않아도 누구나 다 알고 있는 사실입니다.

저는 인터넷이 약동하던 1990년 말부터 인터넷 관련 사업을 해왔으며, 어느덧 25년이라는 경력을 쌓아왔습니다. 몇 년 전부터는 유튜브 동영상 전략을 중심으로 컨설팅 사업을 하고 있으며, 그 결과로 수많은 소상공인들을 상대로 유튜브 마케팅을 통한 매출 신장을 이뤄내고 있습니다. 그래서 누구보다 유튜브 마케팅의 중요성을 잘 알고 있기에 이렇게 자신있게 말합니다.

"지금 당신을 '선행자 이익'으로 이끌어줄 빅 찬스가 당

안녕하세요?
유튜브보고
전화했습니다

신의 눈앞에 놓여 있습니다. 저는 확신합니다. 그 빅 찬스
는 바로 이 책에서 강조하는 유튜브 마케팅입니다."

유튜브 시대는 이미 시작되었습니다!!
다행히 아직 많은 이들이 유튜브를 비즈니스에 어떻게 활
용해야 하는지 잘 알고 있지 못합니다. 유튜브 마케팅을 통
한 이익 창출 사례가 연일 주목을 받으면서 수많은 경영자
들이 그 효과를 알고 있음에도 아직은 유튜브 마케팅을 비
즈니스로 활용하기 위해 행동으로 옮긴 이들은 아직 많지
않은 게 현실입니다.

유성대 소장은 '검증된 데이터와 사례를 직접 체험하여 얻
어진 본질과 원칙'을 이 책에 오롯이 담아 유튜브 마케팅의
새로운 이정표를 세웠습니다. 유튜브 마케팅의 중요성을 어
렴풋이 알기는 아는데 단지 유튜브에 익숙하지 않다는 이유
로 유튜브 마케팅을 주저하는 이들을 위하여 그들의 눈높이
에 맞춰 쉬운 용어로 누구나 쉽게 따라 배울 수 있도록 편집

한 유성대 소장의 오랜 노고에 찬사를 보냅니다.

　이 책은 여러분을 '선행자 이익'을 선점하는 마케팅 유튜버로 이끌어주기에 부족함이 없습니다. 이제 여러분도 지금 당장 '선행자 이익'을 성취하는 마케팅 유튜버의 길로 들어설 수 있기를 바랍니다.

　그 방법은 어렵지 않습니다. 이제 이 책을 펼쳐든 여러분은 유성대 소장이 쉽게 알려주는 대로 유튜브 마케팅을 제대로 실천만 해 나가면 됩니다. 지금 이 순간에도 개별 코칭을 받아가며 유튜브 마케팅에서 '선행자 이익'을 성취하고 있는 수많은 분들이 여러분의 미래를 약속합니다. 이 책에 나오는 대로 따라만 하면 여러분도 "안녕하세요? 유튜브 보고 전화했습니다."라는 전화를 반드시 받게 될 것입니다.

- 유튜브마케팅연구소 소장 민진홍

따라만 해도 매출이 쑥쑥 오르는
유튜브 마케팅의 주인공은 당신입니다

"안녕하세요? 유튜브 보고 전화했습니다."

이렇게 말하면서 걸려온 전화는 바로 나의 매출을 올려주는 반가운 전화입니다.

『유크리TV』는 이 글을 쓰는 현재 구독자 847명 시청시간 2,800시간, 페이지 3,700뷰를 달리고 있습니다. 그동안 구독자 천 명이 안 되어서 안타깝다는 생각이 들었는데 그것은 저의 착각이었습니다.

『유크리TV』 유성대 소장은 비록 구독자수는 천 명이 안 되었어도 광고수익이 아닌 유튜브 마케팅으로 더 많은 수익을 창출하고 있었습니다. 유튜브 구독자수와 관계없이 홍보효과, 스폰서 영입, 영업사원 대용으로 더 많은 돈을 벌어들이는 수익형 유튜브의 길을 걷고 있었습니다.

많은 유튜버들이 구독자수와 광고수익만을 바라보고 있을 때 누구보다 먼저 유튜브 마케팅을 이끌었기 때문에 가능한 일이었습니다.

지금까지 제가 본 『유크리 TV』는 편집을 잘해서 눈길 끄는 썸네일로 재미있는 영상을 많이 올리는 부러운 유튜버였습니다. 그런데 이제 이런 것들이 단순히 재미만 추구하는 것이 아니라 유튜브 마케팅으로 매출을 올리는 노하우를 담고 있다는 것을 이 책을 통해 알 수 있어서 좋았습니다.

이 책은 유튜브 마케팅으로 매출을 올리고자 하는 이들을 위해 저자가 잘하고 있는 동영상 편집에 대한 내용과 영상 제작에 대한 노하우들을 따라하기 쉽게 풀어주고 있습니다. 매출을 올려야 하는 프리랜서나 자영업자들이 유튜브

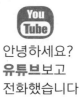

안녕하세요?
유튜브보고
전화했습니다

의 중요성을 알면서도 엄두를 못 냈다면 이제 이 책으로 시
작해 보라고 적극 추천합니다.

시대가 바뀌고 산업과 경제의 흐름도 바뀌었듯 4차 산업
혁명의 시대에는 마케팅의 변화를 따라잡지 않으면 도태하
기 십상입니다. 이제는 유튜브 마케팅을 하지 않고서는 기
업도 번창하기 어렵고, 퍼스널 브랜딩을 생명으로 하는 프
리랜서 강사나 자영업을 하는 소상공인들은 더더욱 생존하
기 힘든 시대가 되었습니다.

저는 SNS 전문 강사로서 많은 SNS 교육을 하고 SNS의 계
정을 거의 다 가지고 있으며, 관리를 잘 하고 있습니다. 하
지만 유튜브의 경우 50여 개의 업로드는 있지만 바쁜 일상
에서 이런 것들을 활성화시킬 시간이 부족해서 기존의 광
고수익만 바라보는 로또에 목매는 것과 같은 방식의 유튜
브 관리만 생각하고 소홀했던 것이 사실입니다.

이제라도 『유크리TV』 유튜버로서 마케팅 매출을 올리면서 많은 마케팅 유튜버들의 멘토로 활동하는 유성대 소장의 출간소식을 듣고 저 역시 새로운 세계에 발을 들여 놓을 수 있어서 기쁜 마음 금할 길이 없습니다.

이제부터 저 역시 이 책을 따라 유튜브 마케팅에 신경을 써서 구독자수에 조회수에만 연연하지 않는 마케팅 유튜버로서 지금보다 일취월장한 매출을 올리는 길에 들어서려 합니다.

이제 유성대 소장이 가장 기쁘게 받는다는 이 책의 제목과 같은 전화 멘트가 독자님들 귓전에 행복을 알리는 메시지로 울려퍼지기 바랍니다.

"안녕하세요? 유튜브 보고 전화했습니다."

이 책대로 따라만 하면 이제 여러분들이 바로 이런 전화

안녕하세요?
유튜브보고
전화했습니다

를 받게 될 주인공이 될 것이라 확신합니다. 누구나 따라
할 수 있는 이 책을 통해 모든 이들이 마케팅 매출을 쑥쑥
올리는 그 날이 빨리 오기를 기대합니다.

어때요? 생각만 해도 매출이 쑥쑥 오르는 기쁨이 가득 차
지 않나요?

이제 선택은 여러분의 몫입니다.

- SNS마케팅 전문강사, 토마토의 멋진세상 대표 *서영주*

Contents

02
LESSON

동영상 촬영하기

03
LESSON

동영상 편집하기

Contents

07 채널 키우는 방법

LESSON

Contents

에필로그

안녕하세요?
유튜브보고
전화했습니다

안녕하세요?
유튜브보고
전화했습니다

유튜브 마케팅으로 매출이 쑥쑥!
유튜브 하루만에 끝장내기

prologue

프롤로그

매출을 올리는
유튜브 마케팅

" 안녕하세요?
유튜브 보고 전화했습니다. "

필자는 『유튜브 크리에이터 TV』와 『유튜브마케팅TV』라는 브랜드 채널을 운영하고 있습니다.

많은 이들이 유튜브를 하는 이유는 광고로 수익을 얻으려는 것으로 알고 있습니다. 하지만 광고로 수익을 올리는 유튜버가 되려면 구독자수와 조회수와 같은 필수 조건을 몇 가지 충족시켜야 합니다. 실제로 유튜버로서 광고수익으로 생계를 유지할 정도가 되는 이들은 많지 않을 수밖에 없는 구조입니다.

더구나 지금 시작하는 대부분의 유튜버들은 그 조건을 만족시키는데 걸리는 시간이 이전에 비해 두세 배 이상 걸립니다. 그 조건을 만족시켜 유튜버로서 생계를 유지하기는 예전보다 훨씬 더 힘들어진 구조입니다.

　필자는 이 책을 통해 유튜버로서 광고수익을 얻는 방법을 이야기하려고 하지 않습니다. 구독자수가 10명이든 1000명이든 상관없이 유튜브를 마케팅 수단으로 활용해 수익을 창출하는 방법에 대해 말하려고 합니다.

　"안녕하세요? 유튜브 보고 전화드렸습니다."

　필자는 일주일에 한두 번 정도 이런 전화를 심심치 않게 받습니다. 이렇게 시작하는 전화는 대부분 필자에게 유튜브채널 『유튜브 크리에이터TV』에서 본 대로 '레크리에이션 진행이나 운동회 이벤트 의뢰, 마술강의 의뢰, 혹은 유튜브 마케팅 강연 의뢰, 가게 홍보영상 문의' 등으로 유튜브를 통한 사업 마케팅의 매출을 창출하는 내용들입니다.

　필자에게 이렇게 다양한 고객층이 유튜브를 보고 전화를

걸어오는 이유는 필자의 유튜브 채널 콘텐츠 자체가 '종합 콘텐츠'를 표방하고 있기 때문입니다. 필자는 실제로 재생목록에 『BookTV』, 『레크리에이션MC』, 『인터뷰TV』, 『마술TV』, 『키즈TV』, 『유튜브 마케팅』, 『축제TV』, 『운동회TV』, 『강의 특강』 등의 동영상을 올리고 있습니다. 그 밖에도 『알쓸신잡 생활 콘텐츠』라는 재생목록을 만들어 유망한 콘텐츠를 발굴하기 위한 시도를 계속 하고 있습니다.

여기서 발굴된 유망한 콘텐츠들은 『유튜브마케팅TV』, 『축제TV』와 『마술TV』 등, 발전가능성이 있는 콘텐츠들을 별도의 브랜드 채널로 만들어 운영하고 있습니다.

필자는 아직 유튜버로서 광고수익을 얻기 위한 필수조건인 구독자수를 1,000명을 넘기지 않은 상태입니다. 하지만 매출에서는 굳이 구독자수를 크게 신경쓰지 않아도 되는 상황입니다. 구독자 수 1,000명이 안 되었어도 얼마든지

25

유튜브 마케팅을 통해 수익창출을 하고 있기 때문입니다.

  필자가 하는 일은 올린 영상을 필요한 고객이 검색하도
록 최적화를 시키는 것이 전부입니다. 당신이 업로드한 영
상을 만 명이 시청하더라도 그 시청자들이 나의 상품을 구
매할 사람들이 아니라면 수익이 되지 않습니다. 그러나 단
한 명이 시청하더라도 그 사람이 당신의 상품을 구매하고
싶어하도록 유튜브를 꾸민다면 그것이 곧 수익으로 이어
지고 있습니다.
  이 책의 장점은 바로 여기에 있습니다. 광고수익이 아닌
사업 마케팅으로 수익을 창출하게 하는 기법을 전달하고
있습니다.

  "동영상처럼 똑같이 해주세요."
  이미 유튜브에 올린 동영상을 시청한 후 필자에게 전화

유튜브 마케팅으로
매출이 쑥쑥!

prologue

를 걸어 행사를 문의하는 고객은 이 한 마디밖에 하지 않습니다. 이미 유튜브의 동영상을 통해 필자의 행사가 어떻게 진행되고 있는지를 알고 신뢰하기 때문입니다.

유튜브는 필자를 브랜딩하거나 상품을 홍보하는 최적화된 수단이 되었습니다.

이 책은 이러한 필자의 유튜브 매출 마케팅 비법이 그대로 담겨 있습니다.

매출을 올려야 하는 초보 유튜버도 쉽게 따라 배울 수 있도록 구성했습니다.

필자는 전업 유튜버가 아닙니다. 현재 『비전엔터프라이즈』라는 이벤트와 교육을 주로 하는 회사의 대표로서 이벤트MC, 강연가, 마술사로 활동하고 있습니다. 또한 『유튜브 아카데미 코리아』의 소장으로서 유튜브 마케팅 강의와 유튜브 컨설턴트로 활동하고 있기도 합니다.

이렇게 하고 있는 일이 눈코 뜰 새 없이 바쁘다 보니 유튜브 채널운영에 전적으로 매달릴 시간도 없습니다. 하지만 굳이 그렇게 전업 유튜버가 될 필요성도 느끼지 않습니다.

필자는 처음부터 유튜브를 사업의 마케팅 도구로 활용하기 위해 시작했기 때문입니다. 그럼에도 불구하고 채널을 운영한 지 8개월 정도가 되면서 매출만 오르는 게 아니라 구독자도 자연스럽게 조금씩 늘어 어느새 840명 이상 구독자가 생기게 되었습니다. 지금도 구독자는 일주일에 1~2명씩 꾸준히 늘고 있는 추세라 결코 구독자수에 연연하지 않습니다.

필자는 유튜브를 통해 행사나 강연에 대한 문의전화를 받는 일도 즐겁지만, 구독자가 한 명씩 늘어나는 것을 보는 것도 즐거움으로 느끼고 있습니다.

그래서 필자는 항상 유튜브 강의를 시작하기 전에 강조하는 말이 있습니다.

"유튜버가 되시려면 절대로 포기하지 말고 끝까지 간다
는 마음을 가지세요. 여러분의 유튜브 채널은 포기하지만
않으면 반드시 성장합니다."

누구나 유튜브 채널을 처음 시작할 때는 구독자수 0명에
서 시작합니다. 따라서 중도에 포기만 하지 않으면 구독자
수는 어떻게든 늘어나고 채널은 성장하기 마련입니다.

"왜 유튜브를 해야 하는가?"

이 책에서는 굳이 이런 문제에 대해 언급하지 않겠습니
다. 이 책을 선택해 읽고 있는 여러분 스스로 이미 그 답을
알고 있다고 믿기 때문입니다.

유튜브는 현재 전 세계 20억 명 이상의 사람들이 시청하
고 있으며, 국내에서도 3천만 명 이상의 사람들이 시청하

고 있습니다. 동영상 시청 플랫폼 점유율은 국내에서도 1
위를 차지한 지 오래이며 국내 조사에서 한국인이 가장 오
래 머무르는 앱 1위를 차지하며 지금도 빠르게 상승하고
있습니다. 그렇기에 사람들이 유튜브에 열광하고 있는 것
이겠지요.

　유튜브의 모회사인 구글은 전 세계에서 포털사이트 검색
시장 점유율이 80%에 가깝습니다. 이 정도면 결론은 자명
합니다.
　포털사이트 검색 시장 점유율 1위인 구글을 기반으로 하
는 유튜브를 활용해 동영상을 올린다면 어떤 효과가 발생
할까요?
　그야말로 시너지 효과는 어마어마하다고 할 수 있습니다.
　구글에서 동영상을 검색하면 자회사인 유튜브에 올라있
는 동영상을 먼저 노출시켜 줄까요? 아니면 타 SNS에 올라

있는 동영상을 노출시켜 줄까요?

이제 유튜브는 선택이 아니라 필수입니다. 하지만 유튜브 마케팅 시장은 이제 시작 단계나 마찬가지입니다. 이미 포화상태가 된 유튜버로서 광고수익을 얻는 것보다, 유튜브로 매출을 창출하는 마케팅은 아직 많은 이들이 모르고 있기 때문입니다.

이제 몇 년 안에 일반인이 아닌 기업들이 유튜브 진출을 할 것이 분명합니다. 대기업들은 결코 이런 황금시장을 놓치지 않을 것입니다. 그때는 대기업과 경쟁을 해야 하기 때문에 늦을 수밖에 없습니다.

필자는 지금이 최적기라고 봅니다. 대기업들이 유튜브 채널을 마케팅의 수단으로 쓰기 전에 소상공인들은 유튜브를 먼저 선점해야 합니다.

유튜브를 통한 매출 마케팅, 아직 이 분야는 '블루오션'입니다. 필자와 같은 전문분야 강사나 프리랜서들은 말할 것도 없고, 자신의 책을 알리고 싶은 작가, 변호사, 세무사, 의사, 마술사 등의 전문인들, 그리고 상점, 뷰티샵, 농부 등 자급자족이 아닌 사람들과 소통을 해 유·무형의 상품을 판매하는 사람들이 살아남기 위한 전략이며 더욱 성장하기 위한 디딤돌이 될 수밖에 없습니다.

유튜브 마케팅의 국내 최고 권위자인 '민진홍 소장님'으로부터 시작해 현재 필자가 소장으로 있는 『유튜브 아카데미 코리아』를 통해 컨설팅을 받고 유튜브 마케팅을 활용해 수십 배 이상 매출을 향상시킨 사례는 부지기수입니다.

부동산 중개채널, 세무사, 의사, 기타학원, 수학학원, 영어학원, 유튜버, 출산둘라, 유통사업가, 마케팅전문가, 중소기업, 카페운영, 인테리어 등 각 분야에 종사하는 사람들, 즉 소상공인들이 그 증인입니다.

유튜브 채널의 대표적인 성공사례로 『커피식구』가 있습니다. 이 카페는 유튜브 채널에 영상을 꾸준히 올린 결과 1년만에 매출이 60배에 가까운 성장을 이루어냈습니다.

다음은 이 분들이 이룬 구체적인 '성공사례'입니다.

- SBS 방송출연 등 매출 약 20배 증가
- 조회수 20회로 KBS 6시 내 고향 방영
- 매일 평균 2~3건의 상담문의 전화와 문의로 인한 계약
  건수 약 22%
- 조회 수 3,882,553회 홍보효과!
- 미팅 진행시 신뢰도 향상으로 계약 성사율 증가
- 모 관광공사로부터 15개 지역축제 홍보 문의
- 유튜브 동영상을 통한 피부관리실 인테리어 1억 수주

- 미국, 일본, 중국 거주 한국인들의 상담요청, 매출 10배 상승
- 모 방송국으로부터 출연 요청을 받는 등 유튜브를 홍보채널로 적극적인 활용!
- 유튜브 영어채널 진행자 확정, 브랜딩 책 계약
- 전국 각지에서 레슨 문의 쇄도 및 타도시 거주 수강생 등록 증가
- 매출 30%가 유튜브를 통해 창출
- 차량 운행없는 학원까지 먼 거리 학부모가 직접 찾아오는 신규 교실 6개 증설
- 블로그와 지식인, 카페를 통한 홍보 효과보다 훨씬 더 강력하고 효율적인 프로모션이 이루어지고 있음
- 모 방송 작가의 방송 제안!
- 신규생 유입을 위한 파너스 오픈 클래스에 대한 안내 영상을 제작하여 영상 전송 3일 만에 정원 마감

- 임산부의 산전산후 관리 50% 증가 및 출산둘라 양성
교육 신설 오픈
- 유튜브 영상을 네이버 TV에 업로드하면서 네이버 TV
메인에 자주 띄워짐

이 책은 유튜브를 처음 시작하는 사람들에게 기본 메뉴
얼을 제공하여 바로 옆에 펴놓고 보면서 쉽게 따라 할 수
있게 만든 책입니다. '유튜브마케팅'으로 수익을 창출하려
는 '비즈니스 유튜버'를 위한 필독서입니다.

어려운 내용이나 기술은 가급적 다루지 않으려 노력했습
니다. 책의 분량을 늘리기보다는 꼭 필요한 내용만 집약했
습니다.

이 책만 따라 하면 당신도 유튜브 브랜드 채널을 만들
수 있고, 올리고 싶은 영상을 올릴 수 있습니다. 그리고 하

나의 영상을 올리더라도 더 많은 사람들에게 노출해서 매출을 창출할 수 있도록 쉽게 편집되었으니 필자의 집필 목적에 잘 따라만 주신다면 분명히 매출창출을 해낼 수 있을 것입니다.

이제는 당신이 유튜브마케팅으로 성공할 차례입니다.
선택과 성공의 결실은 오롯이 당신의 몫입니다.
이 책을 참고서 삼아 지금 도전하세요!

안녕하세요?
유튜브보고
전화했습니다

유튜브 마케팅으로 매출이 쑥쑥!
유튜브 하루만에 끝장내기

01
LESSON

유튜브 채널 만들기

You Tube **YouTube**
YOUTUBE ACADEMY KOREA

1. 구글 계정 만들기

2. 브랜드 채널 만들기

3. 채널 초기 설정하기
   1) 채널 아이콘 설정하기
   2) 채널 아트 설정하기
   3) 업로드 기본 설정하기
   4) 채널 키워드 설정하기
   5) 수익 창출 기능 활성화하기

4. 상태 및 기능 활성화하기

1. 구글 계정 만들기

유튜브 채널을 만들기 위해서는 먼저 구글 계정을 만들어야 합니다.

01 구글 검색창(www.google.com)에 '구글 계정 만들기'를 검색하고 링크를 클릭하세요.

사진1 구글검색 ; 구글계정만들기

02 구글계정만들기 페이지가 나오면 'Google 계정 만들기' 를 클릭하세요.

Google 계정 만들기

Google 계정이 있으면 다양한 Google 제품 을 이용할 수 있습니다. Google 계정으로 할 수 있는 일은 다음과 같습니다.

· Gmail을 사용하여 이메일 보내고 받기
· YouTube에서 마음에 드는 새로운 동영상 찾기
· Google Play에서 앱 다운로드

1단계:

Google 계정을 만들 때는 몇 가지 개인정보를 입력해야 합니다. 정확한 정보를 제공하면 계정을 안전하게 보호하고 Google 서비스를 더욱 유용하게 활용할 수 있습니다.

사진2 구글계정만들기 클릭

03 가입을 위한 각 항목에 정보를 모두 입력하세요.

04 전화번호와 메일주소, 생년월일, 성별을 입력하고 '다음'을 클릭하세요.

문자를 통해 인증번호 6자리를 받으면 화면에 입력하고 '다음'을 클릭하세요.

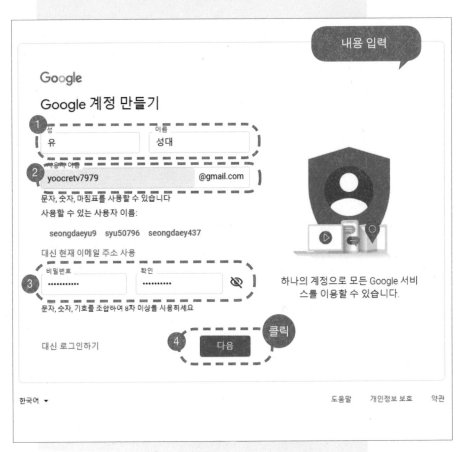

사진3 구글계정만들기 페이지 정보 입력창

Google

전화번호 인증

본인 소유의 번호가 맞는지 확인하기 위해 Google에
서 6자리 인증 코드가 포함된 문자 메시지를 전송합
니다. *표준 요금이 적용됩니다*

내용 입력

010-9376-9610

인증 코드 입력

G-

개인정보를 비공개로 안전하게 유
지합니다.

뒤로　　　　　　　전화로 대체　　확인

한국어 ▾

도움말　　개인정보 보호　　약관

사진4 전화번호 인증 페이지

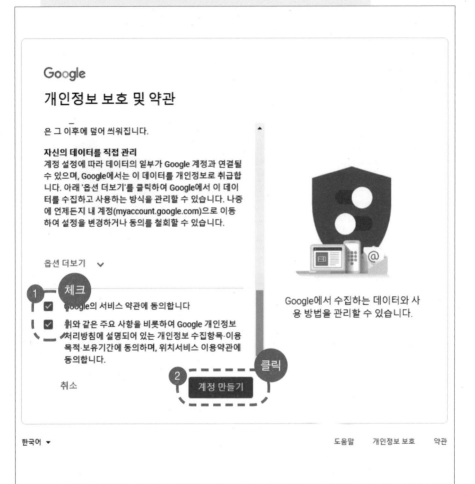

사진5 개인정보 보호 및 약관 페이지

06 구글앱 버튼을 누른 후 유튜브 앱에 접속하세요.

사진6 유튜브 메인화면

07 우측 상단에 '로그인' 버튼을 클릭하면 프로필 아이콘으로
바뀝니다.

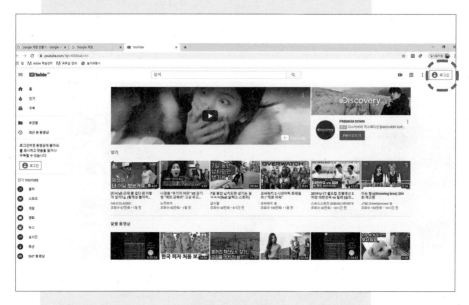

사진7 로그인 체크

08 프로필 아이콘(채널 아이콘)을 누른 후, 'Youtube 스튜디오'
를 클릭하세요.

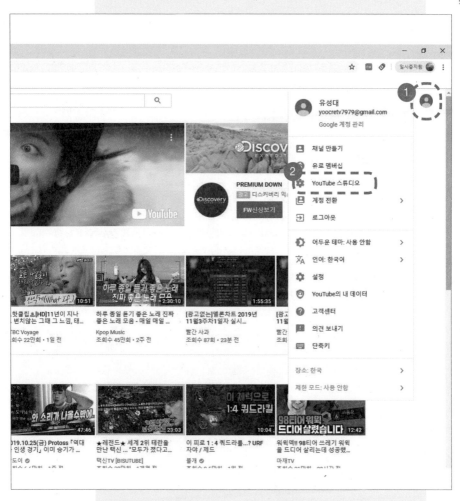

사진8 Youtube스튜디오 클릭

09 'Youtube 계정 선택'이라는 창이 나옵니다. 성과 이름을 확
인하고 '채널 만들기'를 누르면 유튜브 채널(개인 계정)이 완
성됩니다.

사진9 개인 계정 완성

2. 브랜드 채널 만들기

여러분이 지금 만든 채널은 개인채널입니다. 개인채널에 동영상을 올릴 수는 있지만 브랜드 채널에 비해서 상대적으로 노출이 잘 되지 않기에 나중에 유튜브 광고수익을 얻을 수 없습니다. 그래서 유튜버들은 브랜드 채널을 개설합니다. 브랜드 채널의 장점은 검색노출이 개인채널에 비해서 잘되기 때문에 관련 동영상에도 노출이 잘 됩니다. 또한 영상을 업로드 하는 속도가 빠릅니다.

브랜드 채널을 세팅하기 전에 우선 고려해야 할 사항들이 있습니다.
1. 채널의 컨셉을 정해야 합니다. 누구를 대상으로 할 것인지를 정하고, 어떤 주제로 영상을 올릴지를 먼저 결정해야 합니다. 영상을 통해 가치나 지식, 정보를 제공할 수도 있고, 자신의 일상을 브이로그 형식으로 올릴 수도 있으며, 필자의 경우처럼 자신을 브랜딩하거나 홍보를 목적으로 적극적인 마케팅 영상을 만들 수도 있습니다. 컨셉을 쉽게 잡는 방법으로는 따라 하고 싶은 유튜버의 채널을 벤치마킹 하는 방법도 있습니다.

단, 채널의 컨셉을 잡는데 가장 중요한 점은 다음과 같습니다.
1. 내가 좋아하는 분야인가?
2. 내가 잘 아는(할 수 있는) 분야인가?
3. 지속적으로 영상을 만들 수 있는 분야인가?

그럼 지금부터 안내하는 순서에 따라 브랜드 채널을 만들어 볼까요?

10 '먼저, 우측 상단의 '채널아이콘'을 클릭하고 '설정'을 클릭하세요.

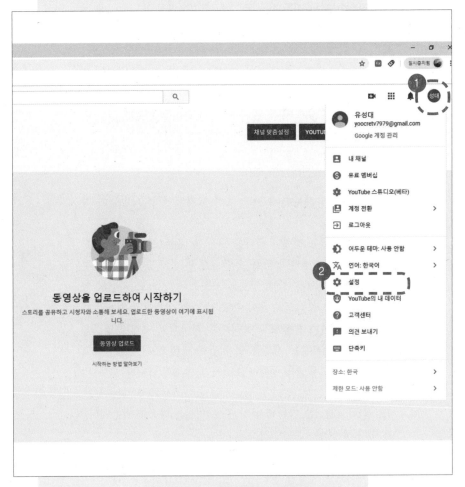

사진10 채널 아이콘 클릭후 설정 클릭

11 계정화면에서 '새 채널 만들기'를 클릭하세요.(하나의 계정
   에 다른 브랜드 채널이 있는 분들은 '채널 추가 또는 관리'
   를 클릭하고 '새 채널 만들기'를 클릭하세요)

계정

YouTube에서 내 모습이 보이고 내가 보는 방식을 선택하세요

yoocretv7979@gmail.com(으)로 로그인

내 **YouTube** 채널

채널은 YouTube에 공개되는 나의 공간입니다. 동영상을 업로드하고, 동영상에 댓글을 달고, 재생목록을 만들려면

내 채널

 유성대
Google에서 수정하기

채널 상태 및 기능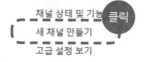
새 채널 만들기
고급 설정 보기

내 계정

Google 계정을 사용하여 YouTube에 로그인합니다.

Google 계정   Google 계정 설정 보기 또는 변경
                        Google 계정 페이지로 연결됩니다.

멤버십   **멤버십 없음 | YouTube Premium** 가입
                        YouTube Premium은 중단 없는 음악 감상, 광고 없는 동영상 등의 혜택을 제공

사진11 새채널 만들기

51

12 이제 브랜드 계정에 사용할 채널명을 입력하고 '만들기'를
클릭하세요.

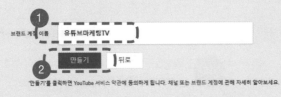

nUp?service=youtube&hl=ko&continue=http%3A%2F%2Fwww.youtube.com%2Fcreate_channel%3Fnext%3D%252Fprofile%26no_switch%3DFalse%26action_create_plus_page_cha

새로운 채널 생성을 위해 브랜드 계정 만들기

이 브랜드 계정에서는 비즈니스 이름 또는 다른 원하는 이름 등 개인 계정과 다른 이름을 사용할 수 있습니다.

①

브랜드 계정 이름   유튜브마케팅TV

②   만들기   뒤로

'만들기'를 클릭하면 YouTube 서비스 약관에 동의하게 됩니다. 채널 또는 브랜드 계정에 관해 자세히 알아보세요.

사진12 브랜드 계정 만들기

TIP

Youtube 이전 버전일 경우에는
〈내 채널 → 설정 → 채널 추가 또는 관리 → 새 채널 만들기〉

3. 채널 초기 설정하기

1) 채널 아이콘을 설정합니다.

13 우측 상단에 채널 아이콘을 누르고 '내채널'을 클릭하여
'채널 맞춤설정'을 클릭하세요.

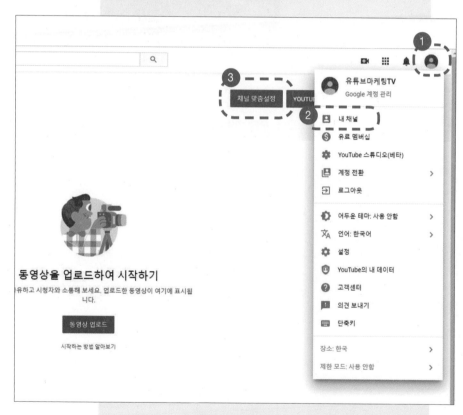

사진13 채널 맞춤설정

14 채널아트 좌측 상단의 채널아이콘에 마우스를 갖다 대면
연필모양이 나타납니다. 연필모양을 클릭하세요.

사진14 채널 아이콘 연필모양 체크

15 채널 아이콘 '수정'을 클릭하고, '사진 업로드'를 클릭하세요.

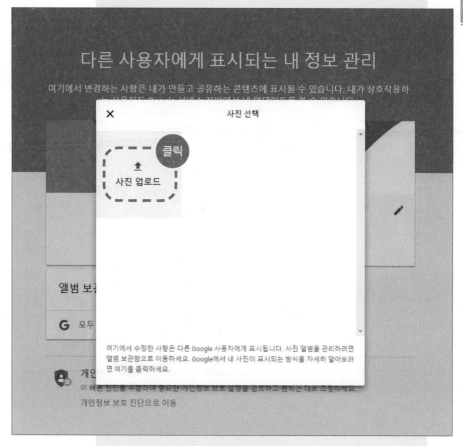

사진15 채널 아이콘 수정 체크

16 원하는 사진이나 미리 만들어 놓은 로고를 선택해 '열기'를
클릭하세요.

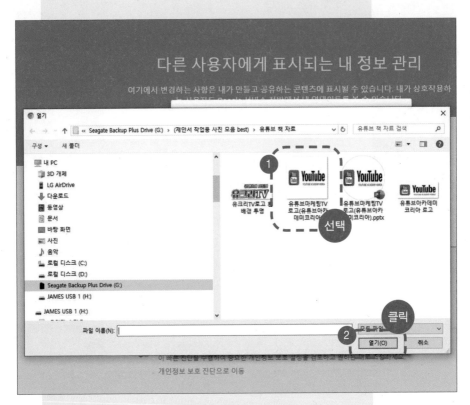

사진16 채널아이콘 사진 선택

17 Google 정보 화면에서 채널 아이콘이 변경된 모양입니다.
채널 아이콘이 변경 되기까지는 다소 시간이 걸릴 수 있으
니 안심하시고 다음 단계로 넘어가세요.

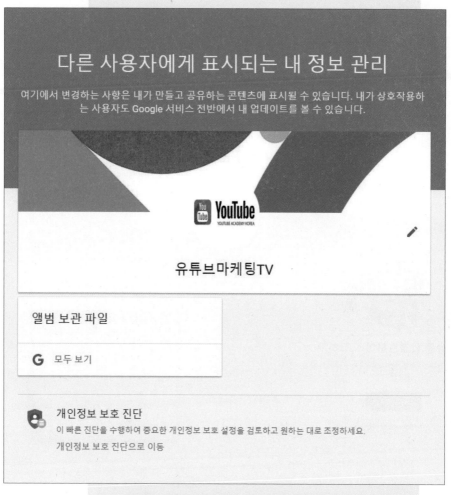

사진17 구글 내 정보 아이콘 변경된 화면 체크

2) 채널아트를 설정합니다.

채널아트는 채널의 간판 부분입니다.
나의 채널이 어떤 콘셉트인지를 한 눈에 보여줄 수 있습니다.

18 우측 상단에 '채널 아이콘'을 누르고 '내채널'을 클릭하여
'채널 맞춤설정'을 클릭하세요.

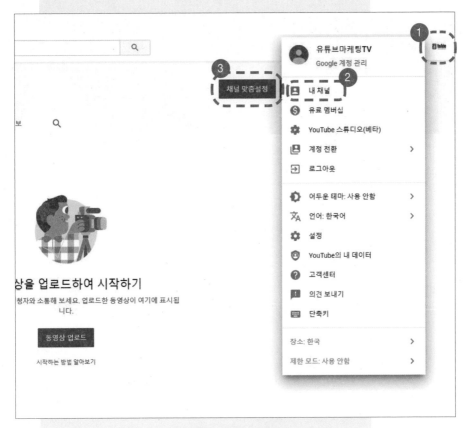

사진18 채널 맞춤설정

19 '채널아트 추가'를 클릭하세요.

사진19 채널아트 추가 클릭

20 사진 업로드를 선택해 사진을 추가할 수 있으며, 채널아트를 만드는 법은 뒤에서 다루니 참고하세요. 우선 갤러리에서 원하는 사진을 클릭하세요.

사진20 갤러리 체크

21 자르기 조정으로 원하는 부분만 미리보기 하여 추가할 수
있습니다.
필자는 미리 만들어 놓은 이미지를 채널아트에 적용시켜 보
았습니다.

사진21 채널아트 적용한 사진

3) 업로드 기본 설정하기

업로드 기본 설정으로 동영상을 올리는데 드는 시간을 줄일
수 있습니다.

22 우측 상단의 '채널 아이콘'을 누르고, 'YouTube스튜디오'를
클릭하세요.

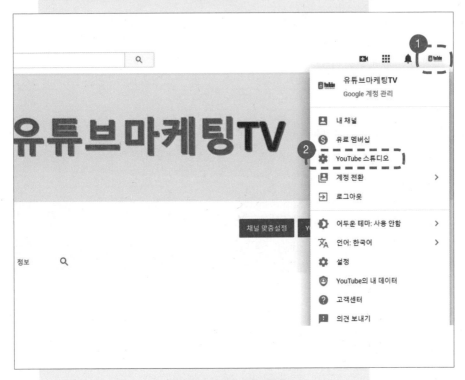

사진22 유튜브스튜디오 클릭

23 '설정'을 눌러 '업로드 기본 설정'을 클릭하세요.

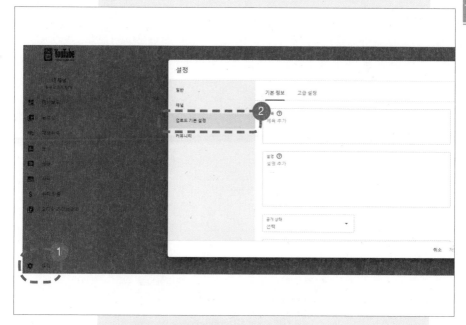

사진23 업로드 기본 설정 체크

    제목에는 모든 제목에 공통적으로 적용할 메인 키워드를 넣는 것이 좋습니다. 일반 유튜버에게는 별로 쓰이지 않는 영역이지만 '비즈니스 유튜버'에게는 상당히 중요한 부분이므로 잘 활용하세요. 필자는 『유튜브마케팅』이라는 메인 키워드를 입력하겠습니다.

24 설명에는 채널에 대한 설명과 자신의 홈페이지, 블로그, 페이스북, 카카오스토리, 인스타그램 등의 링크 주소와 프리랜서나 소상공인의 경우에는 연락 가능한 전화번호를 입력하는 것이 좋습니다. 필자의 경우에는 설명에 올린 전화번호를 통해 강의 의뢰 전화를 받는 경우가 많습니다.

설정

일반	기본 정보 고급 설정
채널	
업로드 기본 설정	❶ 제목 ⓒ
커뮤니티	[유튜브마케팅]

❷ 설명 ⓒ
유튜브마케팅 세미나 및 교육 문의
유성대 소장 010-9376-9610
유튜브마케팅 홈페이지 https://eventvision.tistory.com
카카오플러스 친구 http://pf.kakao.com/_uxbexkT
페이스북 https://www.facebook.com/Yooseongdae

공개 상태
선택 ▼

취소   저

사진24 제목 설명문 입력

25 다음으로 영상에 관련된 태그를 입력후 저장을 누르세요.
태그를 입력할 때는 쉼표(,)로 단어를 구분해서 입력합니다.
태그는 내 채널을 상단에 노출시키거나 관련 영상에 노출
시키는데 중요한 부분입니다. 이 부분에 대해서도 뒤쪽에서
언급하는 구독자 늘리는 법에서 구체적으로 다루겠습니다.

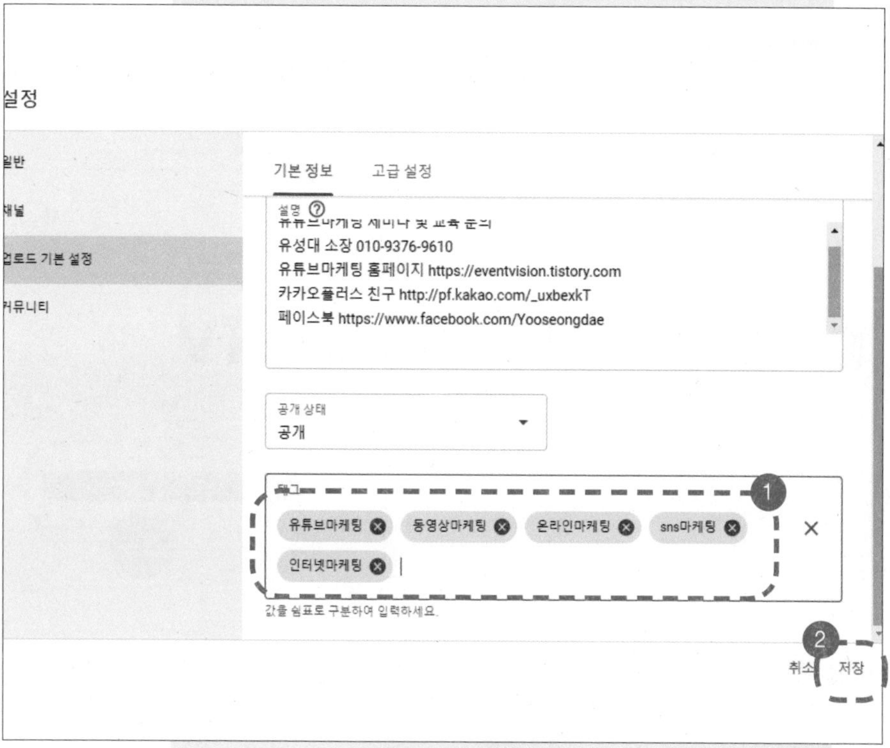

설정

일반

채널

업로드 기본 설정

커뮤니티

기본 정보   고급 설정

설명 ⑦
유튜브마케팅 세미나 및 교육 문의
유성대 소장 010-9376-9610
유튜브마케팅 홈페이지 https://eventvision.tistory.com
카카오플러스 친구 http://pf.kakao.com/_uxbexkT
페이스북 https://www.facebook.com/Yooseongdae

공개 상태
공개

태그
유튜브마케팅 ✕   동영상마케팅 ✕   온라인마케팅 ✕   sns마케팅 ✕

인터넷마케팅 ✕

값을 쉼표로 구분하여 입력하세요.

취소 저장

사진25 태그 입력

4) 키워드 설정하기

키워드를 입력할 수 있습니다. 채널을 대표하는 키워드를 입력하세요. 키워드는 내 채널을 상단에 노출시키거나 관련 영상에 노출시키는데 중요한 부분입니다. 이 부분에 대해서는 뒤쪽에서 언급하는 구독자 늘리는 법에서 구체적으로 다루겠습니다.

26 'YouTube스튜디오'에서 설정을 눌러 채널을 클릭하세요.

사진26 유튜브스튜디오 클릭

27 '설정'에서 '채널'을 클릭 후 '키워드'를 입력하고 '저장'을
클릭하세요.

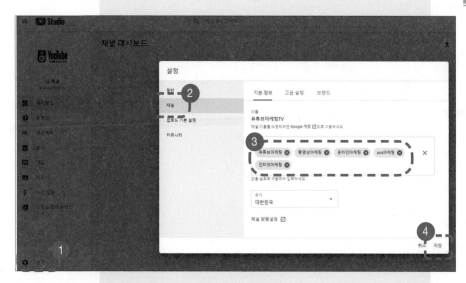

사진27 키워드 입력

5) 수익 창출 기능 활성화하기

유튜브 채널로 수익을 창출하려면 구글 애드센스에 등록 신
청을 해야 합니다.

유튜브는 채널의 구독자 수가 1,000명이 넘고, 최근 12개월
동안 시청시간 4,000시간을 넘기는 조건을 충족시켜야 구글
애드센스 등록을 승인합니다. 지금 유튜브를 시작하는 사람
들에겐 당장 필요한 설정은 아니지만 언젠가 수익창출 기준
에 도달했을 때 자동으로 활성화되기 때문에 미리 등록 신청
을 해두면 좋습니다.

28 'YouTube스튜디오'를 누르고 '수익창출'을 클릭 후 '자격요건
을 충족하면 알림 받기'를 클릭하세요.

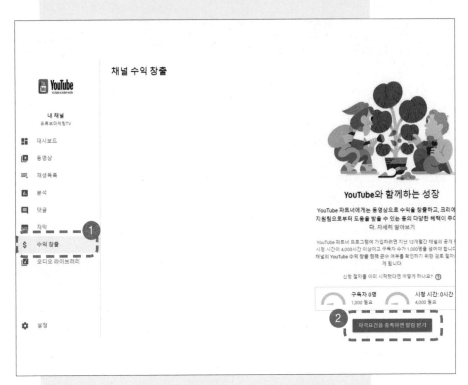

사진28 'YouTube스튜디오'에서 수익창출 클릭

4. 상태 및 기능 활성화하기

이외에도 '상태 및 기능' 창에서 설정 가능한 모든 기능을 사용으로 체크해 주세요.

29 이외에도 '상태 및 기능' 창에서 설정 가능한 모든 기능을 사용으로 체크해 주세요.

['YouTube스튜디오' → 설정 → 채널 → 고급설정 → 상태 및 기능]

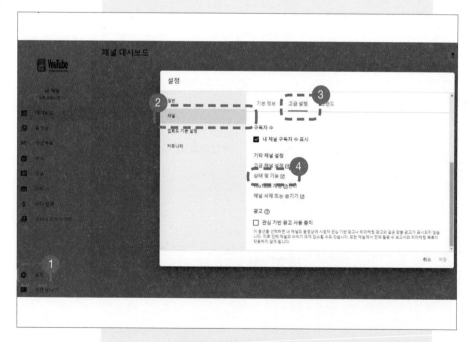

사진29 상태 및 기능 창 체크

30 업로드, 수익창출. 실시간 스트리밍, 실시간 스트림퍼가기,
장편 업로드, 이름 공개 및 비공개 동영상, 맞춤 미리보기
이미지, 외부 특수효과, Super Chat, 맞춤 URL, 콘텐츠 ID 이
의제기, 채널 멤버십 등을 모두 사용으로 체크해 주세요.

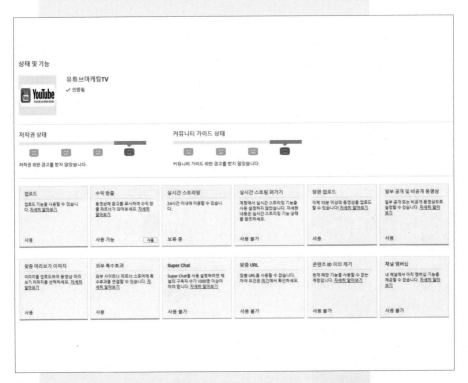

사진30 상태 및 기능 기타설정

안녕하세요?
유튜브보고
전화했습니다

동영상 촬영하기

You Tube **YouTube**
YOUTUBE ACADEMY KOREA

1. 동영상 콘텐츠 기획하기

어떤 주제로 영상을 만들 것인가?

이 부분에 대해서는 채널의 컨셉 정하기에서 이미 언급한 바 있습니다.

2. 줄거리 만들기

줄거리 만들기는 영상의 시나리오이며 대본입니다. 잘 짜인 스토리가 있는 영상은 시청자들에게 깊은 인상과 감동을 줍니다. 그러므로 영상 제작에 있어서 가장 중요한 요소중 하나입니다. 대략 '어떤 스토리로 전체적인 구성을 하겠다'는 정도만 구상하셔도 좋습니다.

필자는 실제로 콘티를 12컷 정도 만들어 약 3분 이내의 영상을 주로 만들고 있습니다. 콘티는 영상을 촬영하는 중에 매우 유용하게 사용되며, 촬영 후 편집 작업을 하는데에도 중요하게 사용됩니다. 콘티 만드는 법은 아주 간단합니다.

1. 우선 A4용지를 두세 장 준비합니다.

2. A4용지를 가로로 6등분 해서 접어줍니다.

3. 종이의 맨 위에는 영상의 제목과 촬영 날짜와 시간 정도만 기록하고 칸마다 번호를 매기는 것도 잊지 마세요. 영상이 길어질 경우 콘티의 순서를 찾는데 도움이 됩니다.

4. 영상의 컷마다 촬영할 내용을 글로 써줍니다. 필요하다면 간단하게 그림을 그려도 좋습니다. 여기에는 인물의 움직임이나 멘트를 주로 하는 것이 좋습니다. 이렇게 만들었으면 콘티의 순서대로 촬영하면서 대사를 하면 됩니다. 영상을 편집할 수 있으므로 컷 단위로 영상을 찍으면 되기 때문에 NG에 대한 염려를 크게 줄일 수 있으니 꼭 활용하세요

헤어샵 1# 펑키헤어 홍보영상 제작 / 2019.3.25 15:00~16:30

카메라: 입구 전경 -> 샵 안으로 디자이너들: "안녕하세요~ 반갑게 인사	유크리유박사: 오늘은 제 헤어스타일을 관리해주는 펑키헤어샵을 찾았습니다. MC와 마술, 강의, 웃음치료 등 폭넓은 일을 하다보니 특정 헤어스타일을 컨셉으로 잡기가 애매해서 늘 고민이 많은데요.. 유쾌한 컨셉으로 ..펌!!	커트하는 과정 촬영 (시작과 스타일링 되는 과정) (스타일링 시: 원장님 인터뷰)
원장님 인터뷰 1.펑키헤어 만의 장점? 2.특화전략? 3.직업력이 얼마나 되셨는지? 4.펑키헤어 고객들에게 한마디	다른 디자이너들과 함께 "숨은 매력을 찾아드리겠습니다. 펑키헤어 많이 찾아 주세요~"	NG 영상 모음

사진31 펑키헤어 홍보영상

    이 콘티로 제작된 영상은 유튜브에서 '펑키헤어 예약제 헤어샵'으로 검색하면 볼 수 있으며, 단지, '펑키헤어'만 검색하더라도 상위노출 된 것을 확인할 수 있습니다.

대부분의 유튜버들에게 전문적인 마이크는 당장 필요한 것이 아닙니다. 이 책에서는 마이크 사용에 대해서는 언급하지 않습니다. 단지 스마트폰 하나면 충분합니다.

혹시 전문적인 인터뷰 채널을 운영하고 싶은 분이라면 리포터용 무선 마이크를 권장하며, ASMR을 하고 싶은 분이라면 해당 마이크를 검색하시면 쉽게 구입할 수 있습니다.

참고로 저는 ASMR 방송을 찍을 땐 UFO라는 마이크를 사용하고 있습니다.

그리고 짐벌을 사용할 땐 마이크를 장착하지 않고 사용하지만 일반적으로 스마트폰만으로 촬영할 땐 소형 장착식 마이크를 사용하기도 합니다.

그러나 수백 편의 영상을 다양하게 촬영해 본 결과 스마트폰에 기본 탑재된 마이크만으로도 영상을 시청하기에 큰 불편이 없다는 사실입니다.

5. 조명 세팅하기

스튜디오 촬영, 야외촬영, 자연조명 등(편집기능에서도 조절가능)

앞서 마이크 사용에 대해 이야기한 것처럼 조명도 마찬가지입니다.

야외에서는 자연광을 이용해 촬영하셔도 충분합니다. 다만 일반적인 유튜버들의 경우 태양을 등지고 촬영하지 마시고 태양광을 자연조명 삼아 찍으셔야 합니다.

일부러 역광으로 촬영하는 경우는 특별한 느낌을 주기 위한 것이니 굳이 그런 영상을 따라 할 필요는 없습니다.

실내 촬영의 경우엔 반드시 최소 한 개 이상의 조명을 설치하시길 권장합니다. 가급적 말하는 사람의 전면에 조명을 설치하세요. 조명을 받은 얼굴과 받지 않은 얼굴은 실제 영상에서 보여지는 보여지는 모습이 확연히 다릅니다.

유튜브에 영상을 올리는 순서는 단순하게 말하면 '촬영 - 편집 - 업로드'의 순입니다.

그리고 유튜브에 영상을 업로드 하는 방법은 다음의 세 가지 정도가 있습니다.

① 스마트폰 유튜브 앱으로 동영상 촬영하고 업로드 하는 방법
② 스마트폰 카메라로 촬영하고 업로드 하는 방법(동영상 촬영모드)
③ 스마트폰 카메라로 촬영하고 PC에서 업로드 하는 방법 **이 책에서는 이 방법을 다룹니다.**
④ 웹캠(Webcam)이나 캠코더, 미러리스 카메라 등으로 촬영하고 편집하는 방법

물론 웹캠이나 캠코더로 촬영하는 경우도 있지만 스마트폰 카메라로 촬영한 것처럼 편집하는 방법은 같으니 생략하겠습니다.

기본적인 카메라 촬영에서는 3가지 경우를 반드시 주의하세요.

1) 카메라 수평 잡기

카메라의 수평을 유지하기 위해서는 카메라를 안정적으로 지탱해줄 삼각대가 반드시 필요합니다. 대부분의 삼각대에는 수평을 확인하는 수평계가 있기 때문에 물방울이 가운데 위치하도록 수평을 조절하시면 됩니다.

2) 헤드룸(Head Rooom)

말하는 사람의 머리와 화면 윗부분 사이의 간격을 헤드룸이라고 합니다.

헤드룸이 너무 좁으면 시청자들이 볼 때 답답해 보일 수 있으며, 너무 멀면 불안정해 보일 수 있습니다. 일반적으로 헤드룸은 전체 화면 높이에서 1/4 에서 1/5 사이가 적당합니다. 물론 영상의 컨셉에 따라서는 헤드룸을 없게 하거나 많게 할 수도 있습니다.

3) 흔들림 최소화 하기

영상에 따라서는 카메라를 들고 움직이면서 촬영하는 경우가 있습니다. 브이로그(V-log)를 주로 촬영하는 유튜버들은 필수적으로 스테빌라이저(stabilizer) 기능이 있는 짐벌(gimbal)을 사용해서 흔들림을 최소화 합니다.

스테빌라이저를 사용할 수 없는 환경에서는 카메라가 흔들리지 않도록 주의하며 촬영해야 합니다. 편집 프로그램 자체에서 스테빌라이저 기능을 갖추고 있다고 하더라도 이미 흔들리게 촬영한 영상을 편집하기에는 부족한 부분이 크기 때문입니다.

안녕하세요?
유튜브보고
전화했습니다

동영상 편집하기
(파워디렉터17 사용)

0. 파워디렉터 17 설치하기

1. 동영상 삽입하기

2. 컷 편집하기

3. 트렌지션(화면전환) 효과 넣기

4. 자막 넣기

5. 배경음악 넣기

6. 효과음 넣기

7. 랜더링 하기

0. 파워디렉터 17 설치하기

이 책에서는 편집 프로그램으로 사이버링크사의 파워디렉터 17
을 다루겠습니다.

32 먼저 네이버 검색창에서 '사이버 링크'를 입력하고 사이트를
클릭하세요.

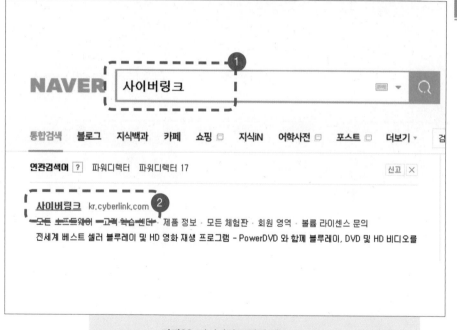

사진32 사이버링크 검색 체크

33 '소프트웨어'에서 '파워디렉터 365'를 클릭하고 '파워디렉터 에센셜' 무료다운로드를 클릭하세요.

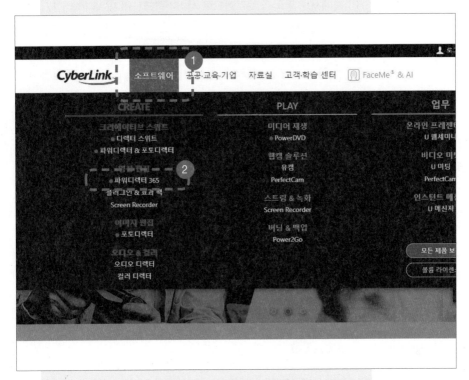

사진33 소프트웨어 파워디렉터365 클릭

34 유료 버전 사용을 권장하지만, 무료 버전을 사용할 수도 있습니다.

이런 분들은 '파워디렉터 15'를 다운 받으시면 됩니다.

파워디렉터 15 버전은 '네이버 소프트웨어' 사이트에서 다운받을 수 있습니다.

사진34 네이버소프트웨어

1. 동영상 삽입하기

35 파워디렉터 17을 실행한 후 타임라인 모드 버튼을 클릭하세요.

[파일 → 가져오기 → 미디어 파일 → 동영상 파일 선택 → 열기] 하시면 편집하고 싶은 동영상을 가져올 수 있습니다.

단축키는 Ctrl + Q입니다.

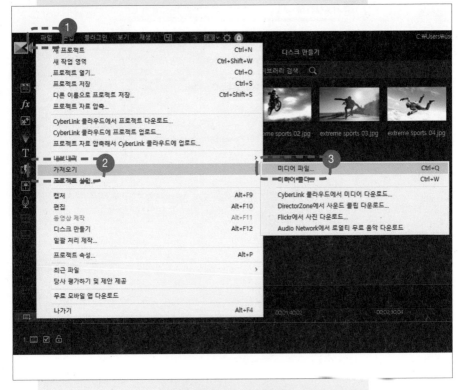

사진35 동영상 파일 가져오기

2. 컷 편집하기

36 컷편집은 내가 하고 싶은 이야기를 만드는 과정입니다.
미디어룸의 편집할 동영상을 드래그하여 비디오 트랙1로
가져오세요.

드래그

사진36 드래그 해오기

37 비디오 트랙1에 올려진 영상에서 잘라내고 싶은 부분의 시작점에 타임 헤더를 위치시키고 분할(Ctrl + T)한 후에 잘라내고 싶은 마지막 부분을 분할(Ctrl + T)하세요.

사진37 컷편집

간격 제거 및 채우기(Ctrl + Del)를 선택하면, 잘라낼 부분이 삭제되고 잘라낸 부분의 앞과 뒤의 영상이 연결됩니다.

3. 트렌지션(화면전환) 효과 넣기

38 트랜지션은 컷에서 컷으로 넘어가는 순간을 부드럽게 해주
는 화면전환 효과입니다.

트랜지션 효과주기(전환룸)의 단축키는 ① 'F8'입니다.

② 원하는 효과를 선택하여 ③ '삭제된 자리'에 '삽입'해 보
세요.

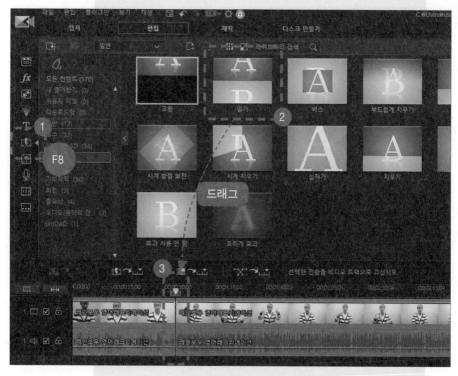

사진38 트랜지션 전환룸

4. 자막 넣기

39 자막은 영상에 첨가하는 글자로써 영상에 대한 부가설명으로 이해를 돕는 역할을 합니다.

자막넣기를 위한 자막룸의 단축키는 ① 'F12'입니다. 자막을 추가 하고 싶은 부분의 ② '시작점에 타임헤더를 위치'시키고 ③ '+ 버튼'을 클릭하여 ④ '넣고싶은 자막'을 입력하세요.

사진39 자막룸

이외에도 타이틀 지막 넣기가 있으며 타이틀 자막 넣기의 단축 키는 F7(타이틀룸) 입니다.

You Tube 5. 배경음악 넣기

배경음악은 영상의 전체적인 분위기를 좌우하며, 특정 부분에 집중시키는 효과를 줄 수 있습니다. 배경음악은 유튜브에서 제공하는 무료음악을 사용하는 것이 무난합니다.

40 '채널아이콘'을 누르고 'YouTube스튜디오'를 클릭하세요.

사진40 유튜브스튜디오 클릭

41 '오디오 라이브러리'를 클릭하여 '무료음악'중 동영상 분위기
에 적합한 음원을 선택하세요.

사진41 오디오 라이브러리 클릭

42 '무료음악' 창에서 원하는 ① '장르'를 선택하고, ② '저작자
표시 필요 없음'을 선택한 후, ③ '플레이 버튼'을 눌러 음원
을 들어본 후 마음에 들면 ④ '다운로드'를 누르세요.

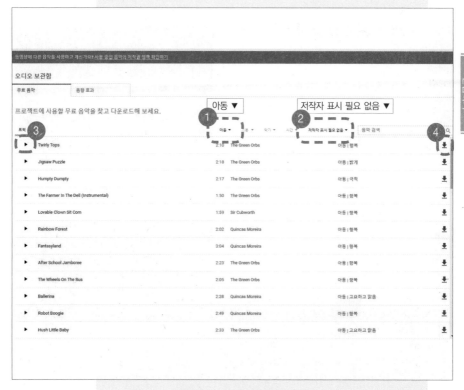

사진42 무료음원 다운로드

방금 '유튜브 오디오 라이브러리'에서 다운 받은 음원 파일을
'파워디렉터'로 가져오세요.

43 [① 파일 → ② 가져오기 → ③ 미디어 파일 → ④ 음악파일
선택 → ⑤ 열기]

사진43 음악파일 가져오기

사진44 음악파일 열기

45 미디어룸에서 넣고 싶은 음악 파일을 드래그하여 오디오
트랙2로 가져오세요.

사진45 음악파일 드래그

배경 음악의 소리를 점점 크게(Fade-in) 시작하고, 점점 작게
(Fade-out) 끝나도록 조절이 가능합니다.

오디오 트랙2의 배경음악 클립을 선택한 후 ① '음악이 시작하
는 앞의 안쪽 선에 Ctrl을 누른 상태로 클릭'하여 볼륨 키 프레임을
추가하세요.

이후 ② '다시 맨 앞 선에 Ctrl을 누른 상태로 클릭하여 볼륨 키
프레임을 추가하여 아래로 내리세요'(드래그).

46 마찬가지로 음악의 마지막 부분을 점점 작게 만들어 보세요.
배경음악 클립에서 ③ '음악이 끝나는 끝의 안쪽 선에 Ctrl을
누른 상태로 클릭'하여 볼륨 키 프레임을 추가하세요.
이후 다시 ④ '맨 끝 선에 Ctrl을 누른 상태로 클릭하여 볼륨
키 프레임을 추가하여 아래로 내리세요'(드래그).

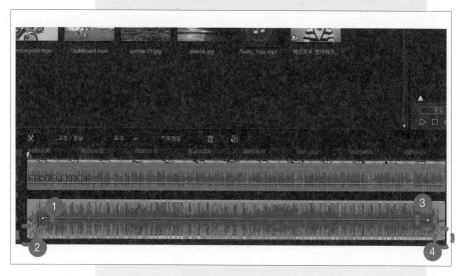

사진46 페이드 인아웃

6. 효과음 넣기

47 효과음은 영상의 극적인 효과를 주기도 하고, 재미있는 상황을 더욱 재미있게 하는데 주로 사용합니다. 예능 프로그램에서 주로 사용하는 것과 같습니다.

배경음악 파일을 가져오는 것과 마찬가지로 효과음 파일을 가져오세요.

미디어룸에서 넣고 싶은 ① '효과음 파일'을 드래그하여 ② '오디오 트랙3'으로 가져오세요.

7. 랜더링 하기

이제 편집한 영상을 랜더링하여 완성된 동영상 파일을 만들어 보겠습니다.

48 ① '제작'버튼을 클릭하고 파일 형식을 ② 'H.264 AVC'를 선택하세요.

파일 확장자는 ③ '[MP4]', 프로필이름/품질 ④ '[MPEG-4 1280x720/24p (16Mbps)]'를 선택하세요.

'내보내기 폴더'를 클릭하여 ⑤ '저장 위치'를 선택한 후 ⑥ '시작' 버튼을 누르면 랜더링이 시작됩니다. 영상의 길이에 따라 랜더링 시간이 달라집니다.

사진47 효과음 파일 가져오기

사진48 랜더링

 이 책에서 언급한 '파워디렉터17의 사용법'은
알기 쉬운 설명으로 5분 분량의 동영상이 제작
되어 있습니다. 동영상 보기(Https://youtube/
v8qbqZ29tmE) 필요하신 분은 아래 연락처로 문
의해주시면 무료로 동영상을 보내드립니다.

  * 상담 문의 유효 기간은

            책 출간일로부터 10년입니다.

  010-9376-9610

  ysd2010@hanmail.net

안녕하세요?
유튜브보고
전화했습니다

동영상 업로드 전 작업

1. 제목 정하기

2. 썸네일(맞춤 미리보기 이미지
   만들기

3. 설명문 만들기

4. 키워드(태그) 찾기

1. 제목 정하기

유튜브 영상에서 가장 중요한 것 중 하나가 바로 영상의 제목입니다.

영상의 컨셉을 잘 드러내는 제목과 관심을 유발하는 카피가 중요합니다.

제목을 짓는 방법은 크게 두 가지가 있습니다.

일반적인 '유튜버'들이면 시청자들이 클릭하고 싶어질 만큼 매력적인 것이 좋으며, 필자와 같이 '비즈니스 유튜버'라면 고객들에게 브랜딩 하고 싶은 키워드를 제목에 삽입하는 것이 좋습니다.

예를 들어 필자의 채널 컨셉은 '유튜브 마케팅'이니 제목에 '유튜브 마케팅'이라는 키워드를 앞쪽에 넣는 것이 좋습니다. '유튜브 마케팅, 월 1,000만원 수익 올리기 전략'이라는 식으로 지을 수 있습니다.

유튜버의 입장이라면, '유튜브 마케팅으로 한 달에 1,000만원을 벌 수 있다고?'라는 식으로 제목을 지어 사람들의 호기심을 자극할 수 있습니다.

제목을 지을 때 고려해야 할 사항은 제목의 글자수입니다.

제목이 너무 길면 가독성이 떨어질 수 있으니 25~30자 내외로 만드는 것이 좋습니다.

또한 썸네일의 내용과 동떨어지지 않도록 지어야 합니다.

유튜브는 영상의 내용과 썸네일, 제목, 키워드, 자막 등 세세한 부분까지 연관성과 일치성을 중요하게 여깁니다. 썸네일의 제목과 영상의 제목은 다를 수 있지만, 내용의 연관성이 있어야 합니다.

시청자들의 호기심을 자극하기 위해 억지로 어그로를 끌기 위한 제목을 짓는 사람들이 있습니다. 이런 영상은 댓글이 안 좋게 달리거나 상위노출이 안 되는 결과를 초래하니 주의해야 합니다.

특히 유튜브로 마케팅을 하는 '비즈니스 유튜버'라면 고객에게 나와 상품에 대한 신뢰가 중요하므로 더욱 주의해야 합니다.

 ## 2. 썸네일(맞춤 미리보기 이미지) 만들기

썸네일은 영화의 포스터와 같습니다.

포스터에 따라 영화를 볼지 안 볼지를 결정하는 경우가 있는 것처럼, 썸네일에 따라 영상의 조회수가 결정됩니다.

썸네일은 동영상이 어떤 내용인지를 하나의 이미지로 보여주는 것이기에 영화의 포스터처럼 중요한 부분입니다.

썸네일을 효과적으로 만드는 방법은 우선 배경 이미지입니다. 영상의 내용을 한 번에 표현할 수 있는 이미지일수록 좋으며, 화면에서 캡처할 수도 있으며 별도로 준비해도 좋습니다. 사람의 얼굴이 나온다면 가급적 시청자와 눈이 마주칠 수 있는 이미지여야 합니다.

다음으로 호기심을 유발하는 문구를 사용해 글자를 넣어야 하며, 글자의 크기는 큰 것이 좋습니다. 영상의 제목과는 다르게 썸네일에도 글자를 넣으면 영상의 내용에 내한 이해도의 클릭률이 증가합니다. 반드시 기억하세요. 썸네일에 들어가는 글자는 크고 눈에 띄게 잘 보여야 합니다.

3. 설명문 만들기

유튜브 마케팅을 위한 영상을 업로드 할 때는 설명문을 꼼꼼히 적어주어야 합니다. 설명문은 이 영상의 내용이 무엇인지를 설명하는 역할도 있지만, 설명문에 적은 내용을 보고 상품에 대한 문의를 받을 수 있기 때문입니다.

또한 설명문에 자신의 브랜드나 회사에 대한 정보 사이트로 연결하는 링크를 올리는 것 외에도 태그나 키워드를 기록해 둠으로써 구글이나 관련 동영상에 표시되게 할 수 있습니다. 초보 유튜버들이 흔히 하는 실수가 바로 설명문을 소홀히 여긴다는 점입니다.

설명문에 넣을 내용을 정리해 보겠습니다.

1) 동영상의 제목을 넣으세요.

2) 비즈니스 유튜버라면 자신의 연락처와 이메일 주소를 넣으세요.

3) 나의 블로그나 홈페이지, 인스타그램 주소 등 다른 SNS의 URL을 넣으세요.

4) 내가 올린 영상과 관련된 다른 동영상의 URL을 넣으세요.

5) 내가 올린 영상의 내용을 요약해서 넣으세요.

6) 핵심적인 태그 3~5개를 #을 붙여서 넣으세요.

4. 키워드(태그) 찾기

　내 동영상에 적합한 키워드를 찾는 것은 상위노출 전략에서 상당히 중요한 부분입니다. 키워드는 시청자들이 주로 검색하는 단어가 무엇인지를 찾아내어 적용해야 합니다. 주로 검색되는 키워드를 찾는 방법은 다음과 같습니다.

1) 유튜브 검색창에서 키워드 자동완성 기능 활용하기

2) 'Keyword Tool' 에서 태그 검색하기

3) 'Tags for youtube'를 활용해 관련 동영상에서 태그 검색하기

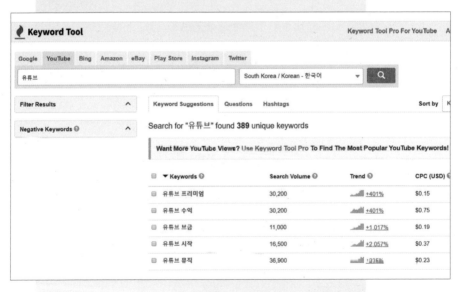

사진49 키워드툴

49-1 'Keyword Tool'과 'Tags for youtube'는 구글 등에서 검색을 통해 사이트를 찾을 수 있으며, 프로그램을 설치하면 바로 사용할 수 있습니다. 'Tags for youtube'를 컴퓨터에 설치하면 현재 내가 보고 있는 영상에서 사용된 태그를 자동으로 볼 수 있습니다. 해당 영상의 설명을 클릭하면 맨 아래 파란 색 글씨로 나오는 키워드가 해당 영상에 사용된 태그입니다. 이와 같이 3가지 방법을 사용해서 키워드를 찾는다면 관련 동영상에 노출은 물론, 상위노출에 큰 도움을 받을 수 있다.

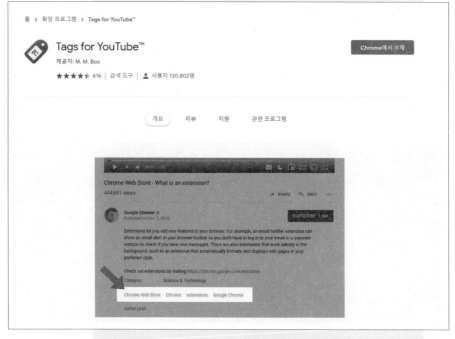

사진49-1 태그스퍼유튜브

안녕하세요?
유튜브보고
전화했습니다

동영상 업로드 중 작업

1. 카드 삽입하기

2. 최종화면 추가하기

3. 자막 삽입하기

유튜브에는 카드 기능이 있습니다. 카드는 유튜브 영상 시청중에 화면 우측 상단에 나타나는 가로 글자입니다.

클릭을 하면 해당 영상이나 설문조사 등으로 유도하는 기능입니다. 하나이 영상에 최대 5개까지 카드를 사용할 수 있으니 원하는 부분에 넣고 싶은 영상을 넣으세요.

카드는 시청자가 클릭을 할 때만 유용한 것입니다. 그러므로 가급적 시청자에게 필요한 내용이거나 도움이 되는 문구를 사용하는 것이 좋습니다.

시청자가 영상의 내용에 몰입하거나 관심을 가지고 있는 순간에 연관된 카드가 나오면 클릭률이 높아질 것입니다.

동영상 업로드 작업

50 'YouTube스튜디오'로 들어가서 동영상을 클릭하고 카드 넣고 싶은 영상을 선택하세요.

사진50 카드넣을 영상

51 영상의 '썸네일'을 클릭하고 '세부정보' 화면이 나오면 '카드'
를 클릭하세요.

사진51 세부정보 카드

52 카드를 삽입할 위치(시간)를 선택하세요.

사진52 카드 위치

2. 최종화면 추가하기

　최종화면은 동영상의 마지막 부분에 다른 동영상을 추가하여 시청자로 하여금 더 많은 시청을 유도하는 기능입니다.

　이 곳에서는 구독버튼과 재생목록을 함께 넣을 수 있으므로 현재 동영상과 내용의 연관성이 있는 동영상이나 재생목록을 삽입하면 노출 부분에서 두 영상의 시너지 효과를 기대할 수 있습니다.

　영상의 마지막 부분 5~20초 사이에 종료화면을 설정할 수 있으며, 동영상과 재생목록, 구독버튼, 다른 채널, 웹사이트를 포함해 최대 4개까지 설정이 가능합니다.

동영상
업로드 계정

　최종화면은 카드기능보다 막강한 효과를 발휘합니다.

　이미 올렸던 영상에 최종화면이 설정되어 있지 않더라도 수정이 가능하니 모든 동영상에 종료화면을 설정하시길 추천합니다. 단, 동영상의 길이가 최소 25초 이상이어야 합니다.

53 '세부정보'에서 '최종화면'을 선택하세요.

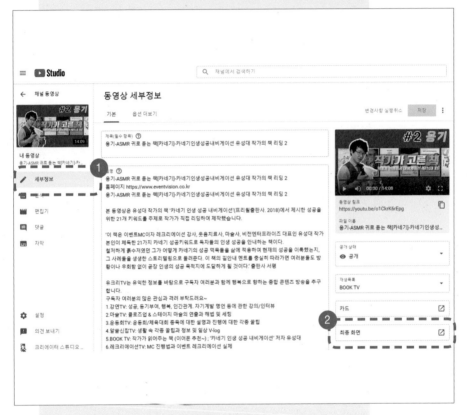

사진53 최종화면

54 ① '요소 추가'를 눌러 ② '동영상 또는 재생목록'에서 원하는 동영상이나 재생목록을 선택하세요.

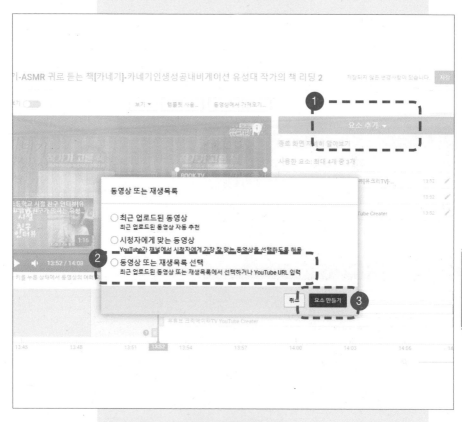

사진54 최종화면 선택

55 최종화면을 ① '선택'하고 ② '저장'을 누르세요. 최종화면이
적용된 모습입니다.

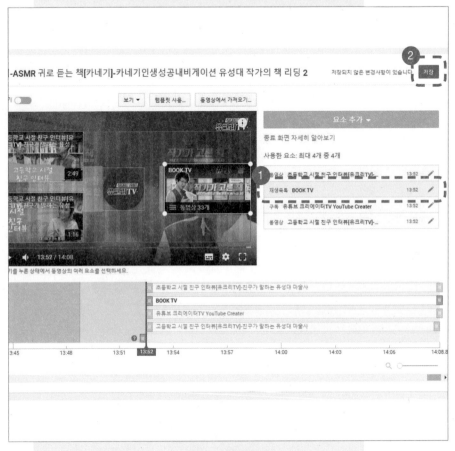

사진55 최종화면 적용

3. 자막 삽입하기

동영상 업로드 중 자막삽입을 넣은 이유는 상위 노출을 위한 전략의 하나입니다.

영상에서 자막을 삽입하는 방법은 다음과 같습니다.
1) 편집 프로그램에서 '바(Bar)'자막과 '포인트(Point)' 자막 삽입
2) 유튜브 자막기능에서 '자막' 삽입

자막은 편집프로그램에서 필요한 부분에 '바(Bar)'자막과 '포인트(Point)'자막을 삽입했기 때문에 유튜브 자막기능에서는 최소한 동영상의 제목을 한 번 더 표시해 주세요.

동영상의 제목과 같은 자막이 영상의 시작부분에서 언급되면 영상의 노출 확률이 높아집니다. 게다가 영상의 시작부분에 나레이션으로 동영상의 제목을 먼저 말하고 시작한다면 더욱 좋습니다.

대부분의 유튜브 관련 서적에서는 언급하지 않는 부분이지만 '비즈니스 유튜버'의 상위노출 전략에서는 중요한 부분이니 꼭 활용하세요.

자막 넣기에 대한 영상 설명은 유튜브 채널 『유튜브마케팅TV』에서 동영상으로 올려놓았으니, 참고하세요. 동영상 보기(Https://youtube/v8qbqZ29tmE) 영상이 필요하신 분은 아래 연락처로 문의해주시면 무료로 동영상을 보내드립니다.

* 상담 문의 유효 기간은
　　　　　책 출간일로부터 10년입니다.

010-9376-9610
ysd2010@hanmail.net

안녕하세요?
유튜브보고
전화했습니다

동영상 홍보하기

1. 내 동영상에 '좋아요'와
   '댓글' 입력하기

2. 다른 SNS에 공유하기

1. 내 동영상에 '좋아요'와 '댓글' 입력하기

기본적으로 동영상을 업로드 하고 나면 제일 먼저 좋아요 버튼을 누르고, 설명문을 복사해서 댓글을 가장 먼저 입력하세요.

그리고 댓글 '고정'을 클릭하세요. 이렇게 댓글을 고정하면 시청자들의 댓글이 아무리 많이 달려도 아래도 밀리지 않습니다.

설명문을 복사해서 댓글로 달아 놓는 이유는 대부분의 시청자들이 설명문을 잘 읽어보지 않기 때문입니다.

가장 먼저 댓글로 입력해 두면 시청자들이 읽게 될 확률이 높아지기도 하지만, 이것 역시 SEO 전략과 상관이 있습니다.

2. 다른 SNS에 공유하기

내 동영상을 다른 SNS에 공유하는 것은 상당히 중요한 부분입니다. 공유가 많이 발생할 수록 상위노출 지표가 올라가기 때문입니다.

56 유튜브 영상을 공유할 때는 인터넷 주소창에 있는 주소를
복사하지 말고, 반드시 영상 하단에 있는 '공유'버튼을 클릭
해야 합니다. 이 곳을 클릭하면 다양한 매체에 공유할 수 있
습니다.

사진56 공유

혹은 링크 주소를 복사해서 직접 타 SNS 매체에 글을 작성하여
입력해도 좋습니다.

안녕하세요?
유튜브보고
전화했습니다

07
LESSON

채널 키우는 방법

1. 유튜브 상위노출 방법

2. 구독자 늘리는 방법

3. 조회수 늘리는 방법

유튜브 상위 노출방법

1. 제 목 : 호기심을 유발하도록 만드세요.

2. 설명문 : 최대한 자세하게 써주세요.

3. 태 그 : 내 채널을 대표하는 것으로 설정하세요.

4. 공 유 : 많은 사람들에게 공유하세요.

5. 구독과 댓글, 좋아요 : 많은 이에게 요청하세요.

6. 시 청 : 끝까지 시청해 주세요.

7. 저작권 : 엄격하게 지켜주세요.

1. 유튜브 상위노출 방법

유튜브 상위노출을 위해서는 SEO(Search Engine Optimization) 기술이 필요합니다.

'검색엔진에서 최적화'된 동영상이 상대적으로 많이 노출되며 결과적으로 더 많은 조회수를 기록하게 됩니다.

'유튜브마케팅'을 하는 '비즈니스 유튜버'에게는 조회수가 그다지 중요하지는 않지만 '유튜버'에게 조회수는 곧 광고수익과 연결될 수 있습니다.

유튜브에 올린 동영상이 더 많은 사람들에게 보여지기 위해서는 다음에 언급하는 요소들을 빠짐없이 체크하세요.

01 제 목

제목은 뉴스나 기사의 헤드라인처럼 사람들의 주의를 끄는 흥미로운 문구가 중요합니다.

제목속에 중요한 키워드를 가능하면 앞쪽에 넣으세요.

유튜브는 동영상 속의 말과 자막, 제목, 설명문 등에서 자주 언급된 키워드를 중요한 지표로 생각하여 노출률을 높여 줍니다.

영상과 관련된 키워드를 제목에 넣는 것은 좋지만, 영상의
내용과 상관없는 키워드를 넣는 일은 오히려 채널의 신뢰도
를 떨어뜨리게 됩니다.

☑ 02 설명문

설명문에는 최대 5,000자까지 입력이 가능합니다. 그러니
설명문 안에 가급적 많은 키워드를 넣는 것이 좋습니다. 설
명문에 입력한 키워드는 검색에 걸릴 확률을 높여 줍니다.

☑ 03 태 그

키워드 자동완성 기능과 태그를 찾아주는 프로그램을 이
용해 최대한 내 채널의 컨셉에 적합한 태그를 많이 찾아야
합니다.

태그는 두세 개 이상의 단어를 조합하는 것이 좋습니다.
『유튜브마케팅TV』라면, 태그로 '유튜브', '유튜버', '비즈니
스', '마케팅' 등의 기본적인 단어들도 태그에 포함시키지만

'유튜브 마케팅', '비즈니스 유튜버', '비즈니스 유튜브 마케팅'
처럼 여러 개의 연관된 단어들을 조합하는 키워드를 만들어
야 합니다.

04 공유

다른 SNS에 공유를 많이 할수록 동영상의 '랭킹지표'가 올
라갑니다.

- 내가 운영하는 타 SNS에 링크 걸기와 공유하기
- 다른 사람들에게 공유해 줄 것을 부탁하기
- 시청자들이 공유할 수 있도록 유도하기

05 구독과 댓글, 좋아요

채널을 '구독'하는 사람이 많을수록 '조회수'나 '공유', '댓글'
과 '좋아요'가 일어날 확률이 커집니다.

영상의 앞부분과 영상의 중간 혹은 마지막에 '구독'과 '좋
아요', '댓글'을 요청하세요.

일반적으로 사람들은 누군가에게 부탁을 받게 되면, 전혀

부탁을 받지 않은 경우에 비해서 그 부탁을 들어줄 확률이 높아집니다.

물론 가장 좋은 방법은 시청자들로 하여금 '구독'과 '좋아요', '댓글'을 달고 싶어질 만한 동영상을 만드는 것이 최선입니다.

하지만 이렇게 잘 만든 영상도 구독 요청을 한 경우와 요청하지 않은 경우에 '구독, 좋아요, 댓글'을 받는 양에 차이가 있을 것입니다.

📋 06 끝까지 시청해주세요

유튜브 동영상의 '시청지속시간'은 가장 중요한 지표 중 하나입니다.

시청자가 영상을 보던 중간에 이탈하는 경우가 많다면 퀄리티가 낮은 영상이라는 판단을 받게 됩니다.

반대로 시청자가 영상을 끝까지 시청하는 경우가 많을수록 좋은 영상이라는 인정을 받습니다.

내가 올린 영상을 '얼마나 오랫동안 시청하는가'에 따라 영상과 채널의 순위에 영향을 받습니다.

시청자의 중도 이탈을 막기 위해서는 영상 초반에 '핵심'을

예고하는 것과 그러니 '끝까지 시청해 달라'고 언급하는 것
이 좋습니다.

다른 한 가지는 '시청시간'입니다.
내 채널을 사람들이 '얼마나 많이 보느냐'입니다.
유튜브에서 정한 수익창출의 기준은 2020년 현재 '구독자
1,000명, 12개월 동안 시청 시간 4,000시간입니다. 이 시청시
간 기준을 채우려면 채널에 동영상의 숫자가 많거나, 조회수
가 높은 동영상이 있어야 합니다.

07 재생목록 만들기

재생목록은 운영자와 구독자 모두를 위해서 필요합니다.
운영자는 자신이 제작한 영상들을 콘텐츠별로 정리하여
내가 만드는 영상들이 채널의 컨셉에 맞게 제작되고 있는지
를 구분할 수 있습니다.
동시에 구독자들에게는 재생목록이 일목요연하게 정리되
어 있어 원하는 동영상을 찾아서 시청하는데 편리합니다.

재생목록이 정리되어 있으면 조회수가 늘고 시청시간도

증가하는 한편, 검색에도 용이하여 일반적으로 구독자가 증가하는 효과가 있습니다.

⮕ 08 저작권

마지막으로 저작권 부분입니다. 최근에는 유튜브에서도 저작권 침해에 대한 기준을 엄격하게 적용하고 있습니다.

음원뿐만 아니라 도서, 사진, 게임, 동영상, 영화, TV프로그램 등 저작권 보호의 대상이 되는 모든 작품들에 대하여 저작권자의 권리를 침해하는 경우 저작권자나 시청자에 의해서 신고를 당할 수 있습니다.

이런 경우 해당 동영상이 삭제되거나 채널 자체가 삭제될 수 있으니 영상에 사용하기 전에 저작권법에 위배되는지는 사전에 반드시 꼼꼼히 확인하고 사용해주세요.

2.구독자 늘리는 방법

01 콘텐츠의 양과 질을 늘린다

　구독자를 늘리는 가장 좋은 방법은 유튜브 채널에 동영상을 주기적으로 꾸준히 올리는 것입니다.

　아무리 콘텐츠가 좋은 채널이라도 동영상 업로드 시기가 불규칙하거나 업로드한 영상이 별로 없다면 시청자들은 구독을 하려고 들지 않을 것입니다.

　다시 말하면, 콘텐츠의 양과 질 모두가 충분해야 합니다.

02 채널 아이콘과 채널아트를 만든다

　다음으로 채널의 아이콘과 채널아트가 잘 준비되어 있어야 합니다.

　채널아트는 가게의 간판과도 같습니다. 채널의 아이콘은 기업의 로고와 같다고 할 수 있습니다.

　이 두 가지 요소는 시청자들에게 신뢰감을 줄 수 있습니다.

🔁 03 썸네일과 제목을 잘 만든다

썸네일은 채널이나 유튜브 검색창 어디에서나 가장 먼저 눈에 띕니다. 그러므로 내 채널을 방문한 시청자를 사로잡을 수 있는 썸네일과 제목이 필요합니다.

🔁 04 내 채널의 USP (Unique Selling Proposition)를 분명히 한다

내 채널이 다른 채널과 차별화 된 점이 어떤 점인지를 알리는 동영상과 설명문을 만들어야 합니다.

그러기 위해서는 먼저 채널의 컨셉을 명확히 해야 하며, 같은 컨셉을 가진 채널들 중에서도 내 채널만의 특별한 점을 부각해서 알려주는 동영상을 민들어 채널의 메인 영상으로 표시해 두는 것이 효과적입니다.

이렇게 함으로써 내 콘텐츠에 관심있는 구독자를 모을 수 있습니다.

필자의 『유크리TV』 채널은 '종합 콘텐츠'를 표방하고 있으며, 개인적으로 유튜브 마케팅을 연구하기 위한 채널입니다.

그럼에도 이 채널을 통해서 마케팅 효과를 보며 수익을 내고 있습니다.

그러나 매주 한두 명씩 구독자 수가 늘기는 해도 **빠르게** 늘지는 않습니다. 왜냐하면 시청자들이 보기에는 컨셉을 한눈에 알아보기 어렵기 때문입니다.

이런 이유로 구독자 수를 늘리고 더욱 전문적인 채널로 성장하기 위해서는 명확한 컨셉을 가진 채널이 필요합니다. 그래서 만든 채널이 『유튜브마케팅TV』입니다.

『유튜브마케팅TV』는 가게나 작은 기업을 경영하는 소상공인들과 변호사 세무사 의사 강사 등 전문적인 일에 종사하는 전문가들에게 유튜브를 통해 마케팅하는 방법을 알려주는 채널입니다.

현재 이 채널은 구독자 수가 0명입니다. 그러나 이 책을 읽고 있는 독자가 『유튜브마케팅TV』를 유튜브에서 검색할 시점엔 구독자 수가 『유크리TV』보다 많을 수도 있습니다.

더 확실한 건 『유크리TV』보다 먼저 구독자 수 1,000명을 넘길 것입니다.

그 이유는 이 채널에서 분명한 USP를 보여줄 것이기 때문입니다.

당신의 채널을 '나만의 것을 보여주는' 채널로 만드세요. 구독자 수를 늘리는 가장 확실한 방법입니다.

📇 05 구독자 이벤트를 한다

구독자 이벤트를 함으로써 내 채널을 구독하고 있는 구독자들을 떠나지 않게 할 수 있습니다. 아직 채널을 구독하지 않은 시청자들을 구독하게 유도할 수 있습니다.

일반 유튜버들이라면 자비를 들여서라도 구독자 이벤트를 하겠지만, 유튜브 마케팅을 진행하는 소상공인들이라면 자신이 파는 상품을 증정하거나 전문가들이라면 무료 컨설팅 등의 선물을 증정할 수도 있습니다.

구독자 이벤트의 유형

첫째, 기존 구독자들을 위한 이벤트
둘째, 채널 구독자를 추천해 준 구독자를 위한 이벤트
셋째, 기존 구독자와 신규 구독자를 위한 이벤트

🔁 06 구독을 요청한다

가장 직접적인 방법은 사람들에게 '구독'을 부탁하는 방법입니다. 무조건 부탁하려고 하지 말고 사람들이 구독할 만한 콘텐츠와 영상을 올리는 것을 잊지 말아야 합니다.

일단 구독을 해 준 사람들도 시간이 지나면 구독을 취소하기도 합니다.

기존 구독자가 구독을 취소했다면 그 책임은 대부분 채널 운영자에게 있습니다.

구독할 만한 채널이 아니라고 생각해서 떠나는 것이기 때문입니다.

그리고 앞서 언급한 '유튜브 상위노출 방법'을 성실하게 지키는 것도 구독자 수를 늘리는 방법입니다.

채널
키우는 방법

3. 조회수 늘리는 방법

📋 01 호기심을 자극하는 썸네일과 제목을 만든다

시청자들은 보고 싶은 마음이 들어야 비로소 영상을 시청합니다.

'조회수'는 '시청지속' 시간과 다릅니다. 조회수를 늘리려면 일단 클릭하고 싶어질 만한 썸네일을 만들어야 합니다.

썸네일은 영화를 소개하는 포스터와 같습니다. 또 매력적인 요소는 '제목'입니다.

출판 시장에서는 책의 제목에 따라 판매 부수가 결정되기도 합니다.

'호기심을 자극하는 썸네일'과 '매력적인 제목'이 조회수의 90%를 결정한다고 생각하세요.

📋 02 다양한 SNS에 링크를 공유한다

다른 SNS에 내가 만든 영상을 공유하는 방법입니다.

내가 공유한 영상을 다른 사람들이 시청해 주지 않더라도 공유를 하세요. 최소한 공유한 영상을 내가 시청해도 조회수는 올라갑니다.

다만 조회수보다 중요한 것은 '시청지속' 시간입니다.

내가 시청하더라도 영상을 끝까지 보는 것이 더 중요합니다.

03 관련된 분야에서 인기있는 동영상의 태그를 사용한다

관련 동영상의 태그를 사용하고, 관련 동영상의 링크를 내 영상의 설명문에 넣으세요.

만약 당신이 만든 동영상의 내용이 좋다면 인기 동영상의 추천 동영상이 될 수 있습니다.

04 고객에게 필요한 Q&A 동영상을 만든다

만약 당신이 전문가 혹은 소상공인처럼 고객을 상대하는 직업이라면, 고객에게 필요한 답변이나 정보를 내 유튜브 동영상으로 제시하는 방법입니다.

필자는 현재 초등학교 운동회에서는 '운동회의 초통령'으로 불릴 만큼 바쁘게 활동하고 있습니다.

특히 필자가 운영하는 유튜브 채널 『유크리TV』 재생목록 중에는 『운동회TV』가 있습니다.

『운동회TV』는 운동회에서 진행하는 각종 게임들을 한 가지씩 자세하게 설명하는 영상들을 업로드하고 있습니다.

이렇게 업로드한 영상을 보고 학교의 선생님들이나 학생들이 운동회 준비를 하는데 드는 시간을 줄일 수 있어서 좋고, 『유크리TV』는 조회수와 시청지속시간을 늘릴 수 있어서 좋습니다.

이런 영상들이 마케팅 수단이 되어 "안녕하세요? 유튜브 보고 전화했습니다."라는 문의 전화를 받을 수 있어 좋은 '일석삼조'의 효과를 누리고 있습니다.

게다가 '초통령MC'라는 키워드를 제목에 주로 사용하다 보니, 『운동회TV』의 영상들이 유튜브 검색에서 상위에 노출되고 있습니다.

이처럼 고객에게 필요한 정보들을 동영상으로 제작해 유튜브에 올려 놓으면 자연스럽게 조회수도 오르고 매출도 오르게 됩니다. 이 방법이야말로 '유튜브마케팅'의 핵심입니다.

유튜브 마케팅으로 매출이 쑥쑥!
유튜브 하루만에 끝장내기

epilogue

비즈니스 유튜버를 위한 조언

비즈니스 유튜버를 위한 조언

1. 최고의 비즈니스 마케팅 유튜브를 잡아라

2. 제대로 된 유튜브 마케팅을 하라

3. 거인의 어깨에 올라타라

4. 저작권을 확실히 하라

5. 당장 시작하라

1. 최고의 비즈니스 마케팅
유튜브를 잡아라

비즈니스는 마케팅이 최선입니다.

비즈니스를 하는 사람들에겐 모든 SNS매체가 마케팅의 수단이 됩니다.

필자는 유튜브를 금세기 최고의 마케팅 수단으로 확신합니다.

2019년 현재 '5G 시대'를 눈앞에 두고 있습니다. '5G 시대'가 되면 동영상이 최고의 가치를 갖게 됩니다.

동영상 시청의 최고 플랫폼은 단연 유튜브 입니다. 유튜브는 여러분의 동영상을 '자산'처럼 만들어 주는 수단입니다.

게다가 유튜브는 공짜입니다. 무료로 나의 브랜드를 홍보하고 수익을 얻게 해주는 '황금알을 낳는 거위'와 같은 수단입니다.

2. 제대로 된 유튜브 마케팅을 하라

이미 많은 소상공인들이 유튜브를 마케팅 수단으로 활용하며 매출을 올리고 있습니다.

필자도 그 중 한 사람이며, '유튜브 마케팅' 강의를 하고 있습니다. 이미 여러 대학의 평생교육원에서 강의를 하고 있고, 기업과 단체는 물론 'KBS 스포츠 예술과학원'에서도 강의를 맡게 되었습니다. 또한 '매경'에서 2020년 '부동산 유튜버'를 위한 강좌를 필자가 속한 『유튜브 아카데미 코리아』에서 민진홍 소장님과 함께 유튜브 강의를 맡게 되었습니다. 베트남 뷰티업계에서는 '뷰티BJ 유튜브마케팅' 강좌를 개설해 강의를 맡게 되었습니다.

어떻게 해서 이런 일들이 가능하게 되었을까요?

그 해답은 제대로 된 '유튜브마케팅'을 했기 때문입니다.

'비즈니스 유튜버'는 포기하지만 않으면 반드시 성장합니다.

그리고 당신이 유튜브에 올린 영상들은 필자가 안내하는 방법대로 꾸준히 업로드 하는 한, 반드시 도움이 되어 당신에게 수익을 안겨줄 겁니다.

당신이 올린 영상들은 서로 단단히 묶여 유튜브 상위에 노출되는 날이 옵니다. 그것은 '성실함'과 '꾸준함'에 달려 있습니다.

3. 거인의 어깨에 올라타라

채널을 벤치마킹 할 만한 롤모델을 찾아서 따라해 보세요.
대부분의 경우 '거인의 어깨'에 올라타는 것이 현명한 판단
입니다.

필요하다면 '유튜브마케팅'을 시작하려는 당신에게 '거인의
어깨'가 되어 드리겠습니다.

4. 저작권을 확실히 하라

절대로 채널이 저작권에 걸릴 만한 일은 만들지 마세요.
최대한 채널을 깨끗하게 유지해야 합니다. 저작권에 대한
경고가 쌓이거나 자칫하면 한 순간에 채널이 삭제될 수 있
습니다.

혹시라도 있을지 모를 상황에 대비해 당신의 동영상과 자
료들을 반드시 별도로 보관하세요.

5. 당장 시작하라

금세기 최고의 비즈니스 기회! 유튜브 마케팅!
이젠 당신이 주인공입니다. 지금 시작하세요!!
당신도 "안녕하세요, 유튜브 보고 전화했습니다"라는 전화
를 반드시 받게 될 겁니다.

만일, 유튜브 마케팅에 대해 더 궁금하시면 언제라도 문의
주세요.
당신의 궁금증을 최대한 빨리 해결해 드리겠습니다.

유튜브 아카데미 코리아 소장

유성대 올림

유튜브 마케팅으로 매출이 쑥쑥!
유튜브 하루만에 끝장내기

안녕하세요?
유튜브 보고
전화했습니다

초판 인쇄 | 2020년 1월 8일
초판 발행 | 2020년 1월 10일

지 은 이 | 유성대
펴 낸 곳 | 출판이안
펴 낸 이 | 이인환
등   록 | 2010년 제2010-4호
편   집 | 이도경, 김민주
주   소 | 경기도 이천시 호법면 단천리 414-6
전   화 | 010-2538-8468
팩   스 | 070-8283-7467
인   쇄 | 세종피앤피
이 메 일 | yakyeo@hanmail.net

「이 도서의 국립중앙도서관 출판예정도서목록 (CIP) 은 서지
정보유통지원시스템 홈페이지 (http://seoji.nl.go.kr) 와 국가
자료공동목록시스템 (http://www.nl.go.kr/kolisnet) 에서 이
용하실 수 있습니다 . (CIP 제어번호 :CIP2019052910)」

ISBN 979-11-85772-73-8(13000)
가격 12,800원